Manual Práctico Del
BOXER

Orígenes - Estándar - Cuidados
Alimentación - Aseo - Salud
Adiestramiento - Concursos

Patti Rutledge

EDITORIAL HISPANO EUROPEA S. A.

ÍNDICE

Título de la edición original: **Guide To Owning a Boxer.**

© de la traducción: **Paquita Kriens.**

Es propiedad, 2001
© **T. F. H. Publications, Inc.** Neptune City. N. J. (EE. UU.).

© de la edición en castellano: **Editorial Hispano Europea, S. A.** Bori i Fontestà, 6-8. 08021 Barcelona (España).

Depósito Legal: B. 18063-2001.

ISBN: 84-255-1142-9.

Cuarta edición

IMPRESO EN ESPAÑA   PRINTED IN SPAIN

LIMPERGRAF, S. L. - Mogoda, 29-31 (Pol. Ind. Can Salvatella) - 08210 Barberà del Vallès.

HISTORIA DEL BOXER

La historia ancestral del boxer la podemos reconstruir a partir de algunas pinturas, dibujos, tapices y escritos antiguos. Durante siglos no se ha mantenido ningún tipo de archivo sobre los orígenes ni sobre algún tipo de cría programada en Alemania. Los expertos coinciden en que un tipo de perro antiguo, de gran fortaleza y valentía, que se usaba como perro de guerra en el Tíbet, con el tiempo llegó hasta Molosia, en Epiro, la Albania actual. Siglos más tarde estos perros fueron clasificados como molosoides, y todos los perros de tipo bulldog descienden de estos molosos.

Estos perros llegaron gradualmente hasta Alemania con las antiguas tribus teutónicas, y a otras zonas de Europa y las islas Británicas. Los antiguos germanos utilizaron estos perros para la caza. El jabalí, un luchador feroz, se cazaba con éxito gracias a estos perros rápidos y valientes. También se empleaban para la caza del ciervo, el oso, y otras presas. Además se valoraba como perro de guarda para la casa.

En el siglo pasado fue conocido con el nombre de bullenbeisser (mordedor de toros). Eran de cráneo fuerte, de mandíbula corta, con ligero prognatismo inferior. Gracias a ello poseían una mordida capaz de agarrar un toro u otro animal por la nariz, sin soltarlo de ninguna manera.

En el posterior desarrollo de la raza se cree erróneamente que se ha usado al dogo alemán, el bullmastiff y el bulldog inglés para obtener el boxer actual. Es cierto que el gran mastiff inglés fue cruzado con otras razas y dio lugar al dogo inglés que se importaba en Alemania para usar hasta cierto punto en la cría del bullenbeisser de tamaño mayor, pero esta influencia del dogo alemán y bullmastiff

El boxer actual es un perro de guarda atractivo, un perro de exposición llamativo, y un perro de compañía cariñoso.

no afectó la cría del boxer, que desciende del bullenbeisser de tamaño menor. El bulldog inglés ha tenido que ver en la creación del boxer actual, pero el bulldog de entonces no se pareció en nada al bulldog inglés actual, bajo, ancho, pesado, y de extremidades arqueadas. El bulldog inglés de aquellos tiempos era de tipo mastiff pequeño, más rápido, más largo de extremidades, y más del tipo del boxer actual.

Aparte de la conformación, el bulldog inglés fue el responsable de introducir las manchas blancas a la raza. Antes de 1830, el bullenbeisser pequeño era conocido por su máscara negra, con una capa leonada o atigrada. No se hace mención alguna de manchas blancas en la raza hasta más tarde. En esa epoca se importaron bulldogs ingleses del tipo antiguo en Alemania, que fueron cruzados con perros locales. No obstante, el origen de esos perros era el mismo que los perros alemanes, de modo que debemos considerar el bullenbeisser pequeño como el verdadero antepasado tanto del boxer como del bulldog inglés. Incluso antes de la existencia de los primeros libros genealógicos, el boxer era en esencia un perro de pura raza, y no un cruce, según el concepto del término actual.

Sería tan injusto decir que el boxer es un cruce entre bulldog y bullenbeisser pequeño, como decir que el bulldog es un cruce entre boxer y mastiff pequeño. Los criadores de Munich al final siguieron los pasos de los ingleses, y formaron clubs de la raza para comenzar a criar teniendo

Meta von der Passage, está calificada como una de las mejores reproductoras iniciales. Tenía mucha corpulencia, las extremidades cortas, y poca mandíbula inferior. Su descendencia dominó los pedigrees de principio de siglo.

en cuenta la genealogía. Todos los boxers registrados actualmente se re-

Reunión de criadores de Munich en el año 1896. Obsérvese que sólo uno de los perros NO es blanco. Los boxers blancos no son un fenómeno nuevo y la aparición de estos ejemplares en camadas actuales remonta a los primeros perros alemanes.

montan a los originales de Munich.

En 1887 el Sr. George Alt de Munich adquirió una perra de tipo boxer en Francia, de color atrigrado oscuro. La cruzó con un boxer local cuyo nombre y genealogía se desconoce. Fue registrada como Alt's Flora primera, nº 49. De esta camada salió el macho Lechner's Box, nº 48, leonado con manchas blancas. Este macho fue cruzado con su madre, y de esta camada salieron las hembras Alt's Schecken, nº 50, y Alt's Flora segunda, nº 11, ambas atigradas. Entonces Lechner's Box nº 48 cubrió a su hija, produciendo Maier's Lord nº 13, que fue reconocido como uno de los primeros machos influyentes en la raza.

Éste es Maier's Lord, un boxer antiguo, históricamente importante al reunir las mejores cualidades de los primeros ejemplares descendientes de Alt's Flora. Obsérvese el tipo más pesado, la falta de elegancia, y las extremidades cortas.

Las siguientes fechas son importantes en la historia del boxer:

1887. Alt's Flora es importada de Francia.

1890. Año en que nació Maier's Lord.

1896. Fundación del primer Club del Boxer en Munich, llamado Deutcher.

1898. Año de nacimiento de Meta von der Passage, una de las hembras fundadoras más importantes de la raza.

1902. El 14 de enero se adopta el estándar alemán del boxer.

1904. Fundación del primer libro genealógico alemán del boxer.

1914. Se reconoce el boxer como perro de policía en Alemania.

La cabeza del boxer, cincelada y elegante, debe tener un sello único. El hocico ancho, corto, es una característica distintiva y de suma importancia para la calidad de la cabeza.

ESTÁNDAR DE LA RAZA

El estándar de una raza es el criterio fijado para el aspecto morfológico ideal (y hasta cierto punto, también su carácter) que debe tener la raza, sujeto a interpretación objetiva. Básicamente, el estándar de cualquier raza es la definición del perro perfecto, con el cual se deben comparar todos los ejemplares de la raza. Los estándares siempre se hallan expuestos a modificaciones por revisión del club nacional de cada raza, por lo que es aconsejable estar al corriente de las tendencias, observando las publicaciones de las Sociedades Caninas de cada país.

ESTÁNDAR DEL BOXER

Aspecto general. El boxer ideal es de tamaño mediano, de construcción cuadrada, con buena complexión, de dorso corto, extremidades fuertes, capa corta y lisa. La musculatura bien desarrollada debe ser limpia, dura, y aparecer suave bajo una piel lisa. El movimiento debe ser enérgico. Debe ser firme pero elástico, libre y con amplitud, cubriendo terreno, el porte orgulloso. Desarrollado para servir como perro de guarda, trabajo y compañía, combina la fortaleza y agilidad con elegancia y estilo. La expresión es alerta, el carácter equilibrado y tratable.

La cabeza cincelada proporciona un sello particular al boxer. Debe ser proporcionada con el cuerpo. El hocico ancho es característico, y es de suma importancia su forma adecuada y equilibrada con el cráneo.

Al juzgar la raza, se considera ante todo el aspecto general, al que contribuye el estilo y el color atractivo. A continuación el equilibrio en general, con atención especial para la cabeza, tras lo cual se examinarán las partes individuales del cuerpo por su cons-

El Ch. High-Tech Arbitrage muestra su bonita cabeza, uno de los perros punteros de EE.UU. en exposición y ganador en el Westminster Kennel Club Show. Propiedad de William Truesdale.

trucción correcta, y se evalúa la calidad del movimiento.

Altura, proporción, complexión. *Altura.* para los machos de 57 a 63 cm; las hembras 53 a 58 cm a la cruz. Preferentemente, los machos no deben estar por debajo del mínimo, ni las hembras por encima del máximo; no obstante, un buen equilibrio y la calidad del individuo son de mayor importancia, ya que no se descalifica por tamaño. *Proporción.* El cuerpo de perfil debe ser cuadrado, de modo que una línea horizontal desde la punta del pecho hasta la parte trasera del muslo es igual a la línea vertical desde la punta de la cruz hasta el suelo. *Complexión.* Robusta, con musculatura equilibrada. Los machos de osamenta más fuerte que las hembras.

Cabeza. La belleza de la cabeza depende de la proporción armoniosa entre el hocico y el cráneo. El hocico ancho es un un tercio de la longitud del cráneo desde el occipital hasta la punta de la trufa, y dos tercios de la anchura del cráneo. La cabeza será limpia, sin arrugas profundas. Arrugas típicas aparecen sobre la frente con las orejas erguidas, y siempre hay pliegues desde el ángulo inferior del stop hacia ambos lados de la parte inferior de la mandíbula. *Expresión.* Inteligente y alerta. *Ojos.* De color marrón oscuro, no demasiado pequeños, no demasiado salientes ni demasiado profundos. Su mirada espejo-del-alma combinada con las arrugas de la frente, dan la calidad expresiva típica a la cabeza del boxer. *Orejas.* Insertadas en la parte lateral más al-

El hocico debe ser un tercio de la longitud de la cabeza y dos tercios de la anchura del cráneo. La cabeza no debe mostrar pliegues profundos, y puede llamarse «seca». Propiedad de William Truesdale.

ta del cráneo, cortadas, bastante largas, terminadas en punta, erguidas en alerta. *Cráneo.* La parte superior del cráneo es ligeramente arqueada, no redondeada, lisa ni notablemente ancha, con el occipital no exageradamente pronunciado. La frente muestra un ligero hundimiento entre los ojos y forma un stop (depresión nasofrontal) peculiar con la línea superior del hocico. Los pómulos deben ser relativamente lisos y no sobresalientes, manteniendo la línea limpia de la cabeza, y deben disminuir hacia el hocico en una línea suavemente curva. *Hocico.* El hocico, proporcionado en longitud, anchura y profundidad, posee una forma determinada primero por la formación de las mandíbulas, segundo por la inserción de la dentadura, y tercero por la textura de los labios. La parte superior del hocico no debe caer hacia abajo, ni ser cóncava; no obstante, la punta de la trufa debe estar ligeramente más alta que la inserción del hocico.

La trufa debe ser ancha y negra.

El maxilar superior es ancho en la inserción al cráneo y mantiene esta anchura excepto en una ligera disminución hacia la punta.

Los labios, que completan la formación del hocico, deben cerrar por igual de frente. El belfo superior es grueso y acolchado, cubriendo el espacio frontal creado por la proyección de la mandíbula inferior, y lateralmente apoyado por los colmillos de la mandíbula inferior.

Por ello, estos colmillos deben estar bien separados y tener buena longitud, de modo que la superficie frontal del hocico sea ancha y cuadrada, y vista de perfil, quedar ligeramente retraída. La barbilla debe ser visible tanto de perfil como de frente. *Mordida.* La mordida del boxer debe ser enógnata o retrasada (prognatismo inferior); la mandíbula inferior es ligeramente más larga que la superior y suavemente arqueada hacia arriba. Los incisivos de la mandíbula inferior se hallan en línea recta, con los colmillos preferentemente en la misma línea, para dar máxima anchura a la mandíbula. Los incisivos superiores están en línea ligeramente convexa y los exteriores cierran por detrás de los colmillos inferiores. **Defectos:** Cráneo demasiado ancho. Pómulos sobresalientes. Exceso o falta de arrugas. Belfos excesivos. Hocico demasiado ligero para el cráneo. Mordida demasiado en punta, enognatismo exagerado, dentadura o lengua a la vista con la boca cerrada. Ojos notablemente más claros que el color básico de la capa.

Cuello, línea superior, cuerpo. Cuello. Redondo, de buena longitud, musculado y limpio, sin exceso de papada. El cuello elegantemente arqueado, fluyendo suavemente hacia la cruz. **Línea superior.** Lisa, firme, y ligeramente descendiente. **Cuerpo.** El pecho ancho, con el esternón bien de-

En un cachorro de calidad de exposición, las características de la raza ya son aparentes. Este cachorro muestra un occipital ligeramente pronunciado, dando un aspecto ligeramente arqueado al cráneo, como dicta el estándar.

Las orejas están insertadas en los puntos laterales más altos del cráneo. El juez considera el equilibrio general del perro, dando atención especial a la cabeza. Propiedad de William Truesdale.

finido y visible de perfil. El tórax profundo, llegando hasta los codos; la profundidad del tórax es igual a la mitad de la altura del perro a la cruz. El costillar bien extendido hasta atrás, bien arqueado, pero no redondo. El dorso es corto, recto y musculado, conectando firmemente desde la cruz hasta el posterior. La región lumbar es corta y musculada. La línea inferior ligeramente retraída, disminuyendo en una línea curva hacia el posterior. La grupa es ligeramente descendiente, lisa y ancha. **Defectos:** Cuello corto y pesado. Pecho demasiado ancho, demasiado estrecho, o colgante entre los hombros. Esternón no marcado. Estómago colgando. Costillar plano. Región lumbar larga o estrecha, unión

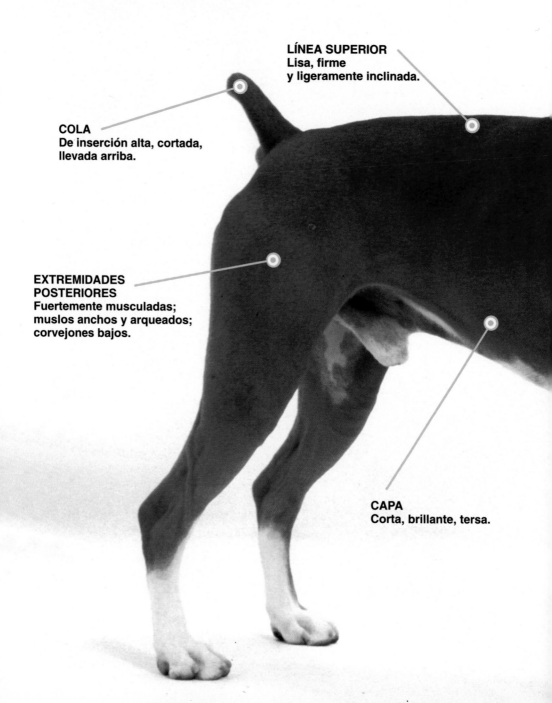

CH. HIGH-TECH ARBITRAGE, propiedad del Dr. y la Sra. William Truesdale, ganador del Mejor de Raza en 1994 y 1995 del Westminster Kennel Club Show, y ganador de más de 50 Best in Show.

LÍNEA SUPERIOR
Lisa, firme y ligeramente inclinada.

COLA
De inserción alta, cortada, llevada arriba.

EXTREMIDADES POSTERIORES
Fuertemente musculadas; muslos anchos y arqueados; corvejones bajos.

CAPA
Corta, brillante, tersa.

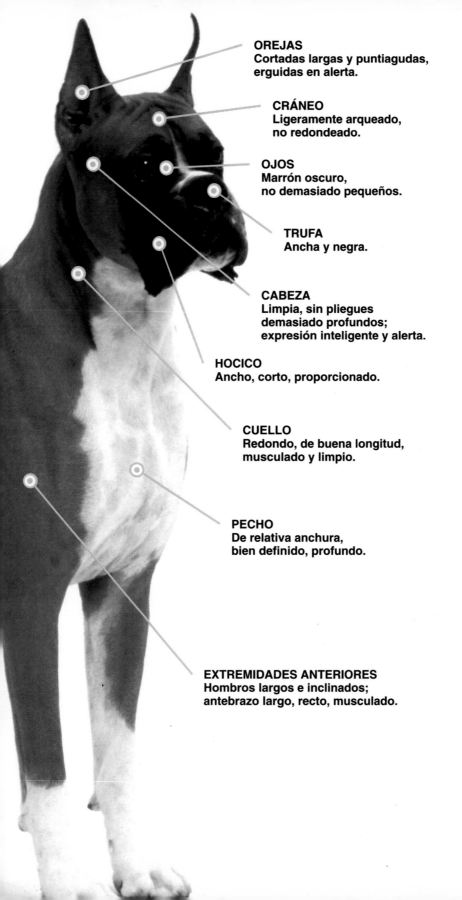

OREJAS
Cortadas largas y puntiagudas,
erguidas en alerta.

CRÁNEO
Ligeramente arqueado,
no redondeado.

OJOS
Marrón oscuro,
no demasiado pequeños.

TRUFA
Ancha y negra.

CABEZA
Limpia, sin pliegues
demasiado profundos;
expresión inteligente y alerta.

HOCICO
Ancho, corto, proporcionado.

CUELLO
Redondo, de buena longitud,
musculado y limpio.

PECHO
De relativa anchura,
bien definido, profundo.

EXTREMIDADES ANTERIORES
Hombros largos e inclinados;
antebrazo largo, recto, musculado.

floja con la grupa. Grupa caída. Más alto de atrás que de delante.

Extremidades anteriores. Hombros largos e inclinados, bien pegados y no demasiado cargados de musculatura. El antebrazo es largo, aproximando el ángulo recto con la escápula. Los codos no demasiado apretados contra el tórax, ni visiblemente separados. Los remos anteriores son largos, rectos, bien musculados, y vistos de frente, paralelos. Los metacarpos fuertes y notables, ligeramente inclinados, pero casi perpendiculares al suelo. Los espolones pueden extirparse. Los pies deben ser compactos y derechos, ni salidos hacia dentro ni hacia fuera, con los dedos bien arqueados. *Defectos:* Hombros sueltos o cargados. Codos cerrados o abiertos.

Extremidades posteriores. Los posteriores bien musculados, su angulación de acuerdo con los anteriores. Los muslos anchos y arqueados, con musculatura fuerte y bien desarrollada. Fémur largo. Bien angulado en los corvejones. Visto desde atrás, los posteriores deben ser paralelos, sin que los corvejones entren o salgan. De perfil, el metatarso debe estar perpendicular con el suelo, admitiéndose una ligera inclinación hacia atrás. El metatarso debe ser corto, limpio y fuerte. El boxer no tiene espolones atrás. *Defectos:* Posteriores rectos o demasiado angulados. Muslos poco desarrollados. Corvejones demasiado angulados. Posteriores mal aplomados (demasiado entrantes o salientes).

Capa. Corta, brillante, lisa y apretada al cuerpo.

Color. Leonado y atigrado. El leonado puede variar desde claro hasta caoba. El atigrado varía desde escasas rayas negras sobre un fondo leonado, hasta tal densidad de rayas negras que el fondo leonado apenas se aprecia, aunque debe verse (de modo

Ilustración A: El recubrimiento del hocico del boxer a veces se denomina cojín. *Ilustración B:* Los corvejones salientes implican una conformación y angulación incorrecta de la articulación. *Ilustración C:* Es indeseable y constituye defecto que se vean los dientes.

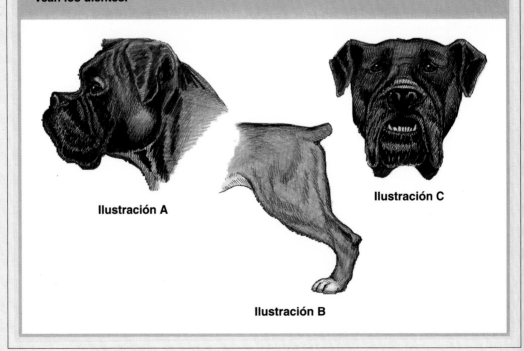

Ilustración A

Ilustración C

Ilustración B

Los machos preferentemente no deben medir menos que la altura mínima, aunque la armonía y la calidad del ejemplar son más importantes que su tamaño.

Altura para los machos de 57 a 63 cm.

que parezca atigrado a la inversa). Las manchas blancas deben estar distribuidas armoniosamente, y no deben exceder de un tercio de la capa. No son deseables en los flancos ni sobre el dorso. En la cara, puede haber blanco dentro de la máscara negra obligatoria, y puede ascender formando un listón entre los ojos, pero no debe ser excesivo, para no perder la expresión típica del boxer. *Defectos:* Manchas blancas poco atractivas o fuera de lugar. *Descalifica:* Cualquier color que no sea leonado o atigrado. Ejemplares con manchas blancas que superan una tercera parte de toda la capa.

Marcha. Visto de lado, debe apreciarse una correcta angulación delantera y trasera, que se traduce en un movimiento fluido y eficaz, con el dorso recto, amplitud de tranco y potente impulsión procedente del posterior que se mueve libremente. Aunque las extremidades anteriores no contribuyen a producir potencia, deben mostrar evidente amplitud, evitando interferencias, campaneo o cruzarse. Visto de frente, los hombros deben permanecer lisos y los codos no deben salir hacia fuera. Las extremidades anteriores deben estar paralelas, hasta que el movimiento estrecha las pisadas en proporción al aumento de velocidad, cuando las extremidades entran más debajo del cuerpo, pero jamás deben cruzarse. La línea desde la escápula hasta el suelo, a lo largo de la extremidad anterior, debe permanecer recta, aunque no necesariamente perpendicular con el suelo. Visto de atrás, el cuerpo no debe rodar. Los pies deben remeterse, y pisar en línea con los anteriores. Nuevamente, al aumentar la velocidad, las pisadas normalmente anchas de los posteriores, se volverán más estrechas. *Defectos:* Movimiento irregular. Falta de fluidez.

Carácter y temperamento: Son de suma importancia en el boxer. Como perro de guarda, debe ser alerta, orgulloso y seguro de sí mismo. En el ring de exposición su comportamiento debe ser controladamente animado. En familia y con gente conocida, su temperamento es sobre todo juguetón, pero paciente y estoico con los niños. Reservado y cauteloso con desconocidos, mostrará curiosidad, pero, lo más importante, valentía sin miedo alguno si es amenazado. No obstante, obedece en seguida a un acercamiento amistoso sincero. Su inteligencia, lealtad y buena disposición ante la disciplina, lo convierten en un compañero por excelencia. *Defectos:* Falta de dignidad y alerta. Timidez. *Descalifica:* Ejemplares de cualquier color que no sea leonado o atigrado. Ejemplares blancos o con manchas blancas cuya superficie sea superior a una tercera parte de toda la capa.

El boxer se acepta en dos colores: leonado y atigrado, ambos con manchas blancas que embellecen el aspecto general del perro, y que no deben exceder de un tercio de la capa.

La marcha del boxer, vista de lado, se caracteriza por la fluidez, el dorso nivelado, y la impulsión desde el posterior. Las extremidades posteriores se remeten debajo del cuerpo y jamás deben cruzarse.

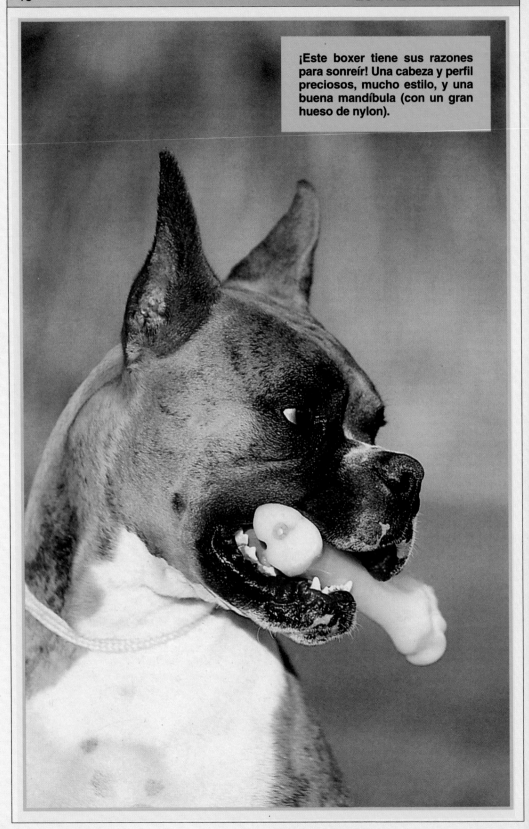

¡Este boxer tiene sus razones para sonreír! Una cabeza y perfil preciosos, mucho estilo, y una buena mandíbula (con un gran hueso de nylon).

El boxer familiar: éste es Holden posando para su propietario, Bill Scolnick.

CARÁCTER

El criador de boxers mundialmente famoso Rick Tomita (izquierda) posando con uno de los reproductores de sus Jacquet Boxers y un cachorro.

Aunque el boxer tenga un aspecto fiero e impresionante, no es éste su carácter. No hay perro igual como compañero de la familia, sobre todo de los niños. Con su tamaño y fuerza fácilmente podría hacer daño a los niños. Pero no es rencoroso, y antes se marchará, mientras sigue dispuesto para protegerlos. Cuando un boxer ve un bebé en brazos de su amo, lo mirará adulador, sin más. Es leal y cariñoso con su familia, y acepta a los amigos de ella, sobre todo a los más pequeños.

Es fácil de educar, de limpiar, y nada destructor. Su sentido del humor es infinito, y está más contento cuando puede complacer a su amo.

En Alemania se entrenan boxers como perros de policía. Durante la segunda guerra mundial fueron usados como perro de guarda y centinela. Se emplean boxers como perro guía. Dos de los mayores centros de adiestramiento de perros guía, usan boxers, como Seeing Eye en Morristown (New Jersey) y Guide Dogs for the Blind en San Rafael (California).

Al boxer le encanta usar sus manos, y sabe llevar una pelota sobre el césped como el mejor jugador de baloncesto. Ya sea con la correa por la ciudad o suelto en el campo, siempre irá alegre, ya que le encanta estar con los «suyos».

El boxer es un perro sólido tanto en carácter como físico. No se excita demasiado, no es saltarín, nervioso, ni tímido. Incluso de cachorro, cuando recibe sus vacunas contra el moquillo y la hepatitis, no se pone a ladrar, ni trata de saltar. No se vuelve miedoso ante la visita al veterinario, cosa que cualquier otra raza podría recordar como una experiencia desagradable.

El boxer tiene la habilidad de pensar antes de actuar. Si alguien le pisa un pie, moverá la cola, como diciendo «Te perdono, sé que no fue tu intención». Cuando se acuesta por la noche cerca de su gente, seguramente reposará la cabeza sobre los pies de alguno. En coche, le encantará poner la cabeza sobre el hombro del conductor, lo cual no debe permitírsele pues puede ser peligroso.

Un boxer bien criado y cuidado no comienza una pelea con otros perros, pero se protegerá a sí mismo y a los que considera suyos.

EL CACHORRO DE BOXER

SELECCIÓN

Cuando se escoge un cachorro de boxer como animal de compañía, no tenga prisa; cuanto más estudie a los cachorros, mejor los comprenderá. Asegúrese de escoger uno que rebose de salud, alegre y movido, que tenga los ojos y el pelo brillantes, y que viene con descaro a conocerle y saludarle. No se deje tentar por ese pobrecito que se quiere esconder en su jaula, o se aparte de los demás cachorros o de las personas, o esconda la cabeza bajo su brazo para buscar protección. ¡Escoja el cachorro de boxer que le escoja a usted! ¡La atracción debe ser mutua!

La autora compartiendo un rato libre con uno de sus boxers favoritos y su marido Dave.

DOCUMENTACIÓN

Ahora toca un poco de papeleo. Al

La autora y su marido con su familia de boxers.

adquirir un cachorro de boxer de pura raza, debe recibir un resguardo de pedigree, firmado por el criador, para poder transferir el cachorro a su nombre, y obtener el pedigree oficial. Además puede recibir una genealogía del criador, cartilla sanitaria donde constan las vacunas que ha recibido el cachorro, una nota con las fechas de desparasitaciones, un detalle del horario y las cantidades de alimentación al que está acostumbrado el cachorro, y se le da la bienvenida como nuevo propietario de un cachorro cariñoso, que aún le dará más papeleo (papeles de periódico).

PREPARACIÓN GENERAL

Usted ha escogido un cachorro de boxer en especial. Ha optado por un boxer por encima de todas las demás razas y todos los demás cachorros. De modo que antes de traer ese cachorro a casa, se habrá preparado a conciencia, leyendo todo lo que pudo encontrar sobre el manejo del boxer y de cachorros en general. En verdad, habrá oído muchas opiniones diferentes, pero al menos no empieza desde cero. Lea, estudie, reflexione. Hable de sus planes con su veterinario, otros aficionados a la raza, y con el criador de su boxer.

Cuando tenga su primer cachorro de boxer, se dará cuenta que toda su lectura ha sido poca. Sólo se ha informado superficialmente en su intención de proporcionar lo mejor a su cachorro; y al mismo tiempo, usted querrá disfrutar al máximo de él. Debe estar preparado tanto mental como físicamente para tener este cachorro.

TRANSPORTE

Si se lleva el cachorro a casa en el coche, protéjalo de corrientes de aire, sobre todo si hace frío. El cachorro

¿Esto se puede morder? Probablemente no, aunque a este cachorro blanco le parece divertido. Proporcione sólo juguetes seguros a su boxer. Su seguridad es lo primero de todo.

Pintoresco seguro, pero ¡ésta no es la manera de llevarse a casa el cachorro recién comprado! Éste es Artistry's Whirlin Merlin, criado por la autora.

suele viajar sin problemas tapado con una toalla y en brazos de un pasajero. Si comienza a moverse y gemir, pare el coche un momento. Tenga papel de periódico a mano por si se marea. Una caja de cartón con papel de periódico en el fondo, sirve de protección para el cachorro y para el coche, si va sólo. Evite demasiada excitación y manoseo cuando el cachorro llegue a casa. El cachorro debe aclimatarse al cambio rotundo de ambiente y compañía, y necesita descansar para renovar su vitalidad.

EL PRIMER DÍA Y LA PRIMERA NOCHE

Cuando llegue a casa con su nuevo cachorro, póngalo en el suelo y no vuelva a cogerlo en brazos, si no es realmente necesario. Es un perro de verdad, y no debe cargarse en brazos como un muñeco. Manéjelo lo mínimo posible, y no permita que nadie lo coja y trate como un bebé. Repito,

De pequeño el boxer necesita mucha socialización y manejo. Si usted comparte todo lo que haga con él, crecerá muy unido a usted.

ponga el cachorro de boxer en el suelo y déjelo, salvo en caso necesario.

Probablemente el cachorro estará
asustado al principio, en su nuevo
ambiente, y sin su madre y sus hermanos. Tranquilícelo, pero sin mi-
marlo. No le dé el tratamiento de «oh,
pobrecito mío». Sea amable, pausado
y tranquilizador. Anímelo a pasearse
y olfatear su nueva casa. Si es de noche, encienda las luces. Déjelo inves-
tigar un rato, mientras usted y los
demás permanecen tranquilamente
sentados o siguiendo su rutina. Deje
que sea el cachorro quien vuelva hacia usted.

Los compañeros de juego pueden
representar un problema inmediato
si el cachorro debe ser presentado a
los niños u otros animales. Si no los
hay podrá olvidar este tema. La afini-
dad natural entre cachorros y niños
requiere cierta supervisión hasta es-
tablecer una buena relación de dejarse vivir mutuamente. Sobre todo el

**Una camada de boxers recién naci-
dos con su orgullosa mamá.**

**La relación entre el criador y sus perros dice mucho sobre el criadero. El boxer es
un perro extravertido, juguetón, que se convierte en perro de guarda –si le llama el
deber– delante de sus ojos.**

cachorro que se compra por Navidad, cuando hay más excitación que nunca, y es fácil que el cachorro tenga miedo. Es mejor hacer llegar el cachorro unos días antes o después de las vacaciones. Al igual que un bebé, el cachorro necesita dormir mucho y no ser manejado demasiado. Una vez el niño se da cuenta que el cachorro tiene unos «sentimientos» similares a los suyos, y que siente el dolor igual que él, podrá ser educado para poder jugar juntos responsablemente.

La primera noche en casa, el cachorro se debe dejar donde deberá dormir siempre –por ejemplo en la cocina, donde el suelo es fácil de limpiar–. Deje que investigue la cocina a sus anchas; cierre la puerta dejándo-

El manejo de los cachorros es una parte vital de su socialización. Los cachorros pueden dar mucho trabajo, pero en cambio tienen mucho que ofrecer.

¡Los cachorros crecen! Y un boxer puede llegar a ser tan alto como usted.

lo dentro. Prepárele una comida ligera para la primera noche. Póngale un bebedero con agua, pero no demasiada, ya que la mayoría de cachorros intentará bebérsela toda. Ofrézcale una manta o camiseta vieja para tumbarse. Una prenda con olor humano le dará idea de seguridad en el cuarto donde se le acaba de dar de comer.

LIMPIO EN CASA

Antes o después –más bien antes– el cachorro le «ensuciará» el suelo. Ponga un periódico encima y deje que se empape de orina. Guarde este papel. Ahora limpie el suelo, y séquelo bien. A continuación tome el periódico mojado, y póngalo sobre más papel

Cada camada debe ser criada con cariño y atención apasionada. Ir a conocer un criador puede ser muy excitante, sobre todo si se trata de un criadero como Jacquet Boxers, el criadero de boxers número uno en EE.UU., propiedad de Rick Tomita y dirigido por él mismo. Jacquet Boxers produce más campeones americanos al año que ningún otro criadero en el país, y esto desde comienzos de los años 80.

de periódico seco en un rincón adecuado. Cada vez que limpie, vuelva a guardar un pedazo de papel mojado para poner encima del nuevo. Cada vez que el cachorro sienta necesidad, buscará este lugar y usará el papel. (Esta rutina rara vez hace falta más de tres días seguidos.)

Ahora deje su cachorro solo para la noche. Probablemente llorará un poco; algunos son más insistentes que otros en este sentido. Pero déjelo solo durante la noche. Esta táctica puede parecer dura, pero dará el mejor resultado a la larga. Déjele llorar; antes o después se cansará.

Los cachorros aprenden muchísimo de su madre, pero otros perros adultos también pueden participar en su educación.

Todavía no preparados para sus nuevos propietarios, estos cachorros son amamantados por su preciosa mamá atigrada.

Bien tapadas y asegura-
das tras el corte, las orejas del boxer no impiden
su socialización, adiestramiento y juegos.

Superior: ¡Qué divertido! Un momento compartido entre dos jovencitos de dos años. Son Cassie Timmsen y Magic de Artistry Boxers. *Inferior:* Un boxer adulto necesita poco tiempo para familiarizarse con un niño. A la mayoría de boxers les encantan los niños y son muy tolerantes con ellos.

EJERCICIO Y AMBIENTE

Para su buena salud y desarrollo, el cachorro de boxer necesita realizar bastante ejercicio. La cantidad de ejercicio depende de la edad. El cachorro pequeño, antes de ser destetado y separado de sus hermanos, juega con los demás hasta que se cansa, y todos se enroscan a descansar. Este ejercicio, con suficiente descanso, es esencial para el crecimiento de los cachorros.

EJERCICIO

A medida que va creciendo, su bo-xer necesita hacer ejercicio para mantenerse en condiciones y desarrollar su musculatura. Es deseable un buen jardín vallado, ya que así el perro tiene libertad para correr y jugar. Es un lugar excelente para jugar con la pelota. A todos los boxers les encanta una pelota, sobre todo una de esas indestructibles, que se puede adquirir en un establecimiento de animales de compañía. Si se le tira la pelota, el boxer saldrá corriendo detrás a toda velocidad, y pronto aprenderá a traerla de nuevo a su amo, para lanzarla otra

El boxer necesita una buena dosis de ejercicio para mantenerse en forma. Este ejemplar descansa de correr en el parque.

Un grupo de boxers disfrutando del verano. Asegúrese que los perros dispongan de sombra y abundante agua, y jamás los deje a pleno sol durante mucho tiempo.

vez. De esta manera el perro hará bastante ejercicio, si el dueño no tiene tiempo de sacarlo a dar un largo paseo con la correa. Sin embargo, es conveniente sacar el perro a pasear cada día para hacer un par de kilómetros. Este ritmo desarrolla musculatura que no emplea para jugar con la pelota en el jardín, cuando galopa más que trota.

Si no se dispone de un jardín vallado, hay que hacer una especie de perrera de 2,50 m de ancho y lo más larga posible, con una caseta en un extremo, donde el perro pueda descansar cuando calienta el sol o cuando llueva. Es sorprendente el ejercicio que llegará a hacer a lo largo del día, paseándose de arriba abajo por la perrera. El perro puede aprender a permanecer en esta zona durante varias horas, cuando no hay nadie en casa, y quedarse tranquilo y feliz, aunque la mayor parte del tiempo sea un perro casero.

Si se vive en un piso, el ejercicio deberá hacerse paseando. Pero si se ha entrenado el perro a quedarse junto al dueño y a acudir cuando se le llama, es posible soltarlo a correr por la playa, el parque o el campo, donde esté permitido.

Mucha gente cree que un boxer no tiene olfato, y que no acostumbra a seguir rastros. Pero en muchos casos se ha comprobado que desde luego posee olfato, y el instinto para usarlo. Cuando se va al campo con dos o tres boxers juntos, pueden jugar y correr juntos tranquilamente. De repente uno de ellos puede descubrir el rastro de algún animal salvaje. El pelo de la nuca se eriza, y el boxer emprende la búsqueda. Los otros se darán cuenta, y se apuntarán. Si se encuentra en una zona donde no los puede perder de vista, o los tiene entrenados para que vuelvan, el rastreo puede ser un buen deporte y proporciona mucho ejercicio al perro.

ACOMODACIÓN

El boxer es un perro resistente y no necesita ser mimado. Aun así, al ser de pelo corto, no se puede pretender que duerma a la intemperie cuando haga frío. Al boxer le encanta jugar un rato y pegarse una carrera en la nieve. Pero debe tener un lugar donde entrar a secarse y calentarse cuando se canse de jugar fuera. A pocos boxers les gusta salir bajo la lluvia, y mucho menos sin su dueño. Si está acostumbrado a salir de paseo con alguien querido, irá, por mucho que esté lloviendo.

El boxer es un perro de casa ideal, ya que es de pelo corto, limpio por naturaleza, y no tiene olor corporal. Se le puede enseñar a usar un sillón determinado para su descanso, o una caja o cama en un rincón como su propiedad particular.

Con un poco de educación, se le puede enseñar a no usar los sofás u otros muebles de uso exclusivo de sus dueños.

El boxer juega y trabaja mucho. Si dispone de espacio para estirar las piernas y se le deja suelto, disfrutará al máximo.

Vea lo que puede hacer el ejercicio y una buena alimentación: este es Artistry's Whirlin Merlin a los seis meses de edad, camino de convertirse en adulto. Le llamamos «Sammy».

CUIDADOS DEL BOXER

El cuidado de la capa del boxer es muy sencillo. Se le puede bañar a cualquier edad, incluso cachorros de tres semanas se pueden bañar si es necesario, pero rara vez lo necesitarán, salvo si se revuelcan en el fango o se ensucian con grasa, aceite o similares. Al boxer le encanta el baño, y mostrará su aprecio claramente. Se pueden usar champúes secos cuando haga frío o mal tiempo; existe gran variedad en el mercado.

Si se ha de bañar el perro, ponga una gota o dos de aceite de oliva en cada ojo, y un algodón en cada oído. No ponga un trozo de algodón demasiado pequeño, para evitar que entre dentro del oído, y procure ajustarlo lo justo para que no entre agua en el oído.

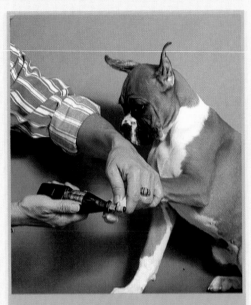

Si se acostumbra al cachorro al corte de uñas con regularidad, de adulto aceptará bien su manicura.

Controle los oídos ante la existencia de cera y suciedad. Nunca penetre más en el canal auditivo de lo que pueda ver.

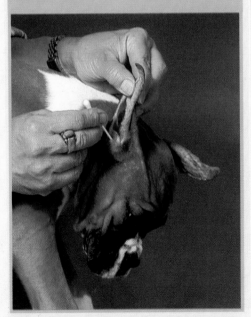

En invierno, por supuesto debe bañarse el perro en un cuarto caldeado, en la bañera o la ducha. En verano se le puede bañar fuera, utilizando la manguera del jardín como ducha, o aplicando cazos con agua que se echan suavemente sobre la piel mientras se va frotando. Es más práctico hacerlo entre dos personas.

Existe gran variedad de champúes para perros en el mercado. Seleccione uno que le vaya bien a la capa de su boxer. Controle la temperatura del agua, que sobre todo en invierno debe ser tibia. Tras el baño, frote el perro con una toalla de baño hasta secarlo. El querrá sacudirse. Si le pone una toalla encima, ésta absorberá el agua que de otra manera la ducharía a usted y rociaría la pared.

Pueden hacer falta acondicionadores y otros tratamientos para el pelo,

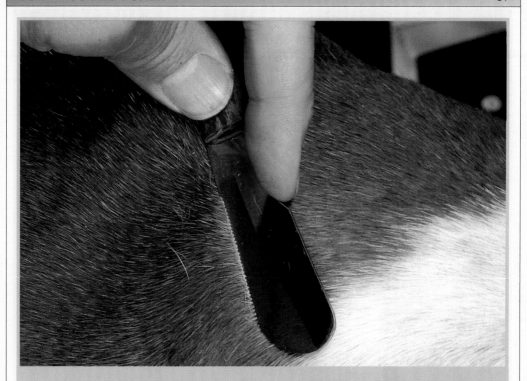

Aunque el boxer requiere pocos cuidados, un peine para pulgas (aquí una cuchilla de trimming) puede servir para detectar algún parásito.

que se pueden encontrar en la tienda de animales local. Si su perro está bien alimentado y cuidado, rara vez los necesitará, salvo para prepararlo para exposiciones.

El boxer no tiene olor a perro. La alimentación influye enormemente en la calidad de la capa.

Existen multitud de accesorios para el cuidado del pelo. Cualquier cepillo para perros de pelo corto será adecuado para el boxer. Al cepillarlo una vez a la semana o más, se retira el pelo muerto, y el pelo quedará liso sobre la piel; se estimulan así las glándulas y el perro apenas perderá pelo.

Hay dos tipos de cepillo que van bien para el pelo del boxer. El más adecuado es una carda suave para la piel, que retira todo el pelo muerto con facilidad. Otro sistema es el guante de goma; los hay con púas finas de un lado, y pana en el otro. Una toalla áspera también va muy bien, así co-

Una alternativa para cortar las uñas de su boxer es esta lima eléctrica. Este método debe introducirse desde cachorro, para que el perro no se asuste del ruido.

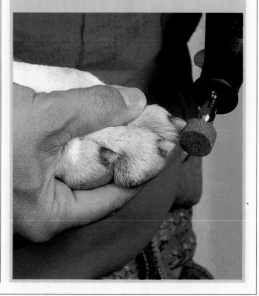

mo pasar la mano para acabar de dar brillo.

A veces las perras, cuando han criado una camada, pierden pelo, y en algunas zonas parece más largo, donde sale el pelo nuevo debajo. Un cepillado diario mejorará su aspecto, y ayuda a renovar el pelo más deprisa.

Las uñas deben controlarse y mantenerse cortas. Si se cortan cerca de la parte «viva», ésta se retrae y las uñas mantienen una longitud correcta. Se puede adquirir un cortaúñas especial para perros. Una lima es conveniente para cuidar las uñas entre dos cortes.

Utilice un poco de algodón mojado en aceite para bebés, para limpiar los oídos. Puede ser necesario cepillar los dientes, y retirar restos de comida que se hayan incrustrado entre ellos. Su veterinario deberá examinar la dentadura un par de veces al año.

Emplee tijeras curvadas para cortar las cejas y los pelos de la cara, cerca de la piel. Evitan todo peligro de cortes en la piel si el perro se mueve. Si la trufa se reseca en la punta, un poco de aceite de bebé frotado a diario ayudará a mantenerla suave.

Si su perro cojea en un momento dado, examine las almohadillas, para ver si hay cortes o algo clavado. Si la piel aparece rojiza entre las almohadillas, aplique un buen fungicida. Esto a veces ocurre cuando el perro juega dentro del agua o en la hierba mojada.

Rick Tomita haciendo la manicura a uno de sus campeones.

ALIMENTACIÓN

Hablemos un poco sobre la alimentación de su boxer, un tema tan sencillo sobre el cual, sorprendentemente, existen tantos criterios y malentendidos. ¿Resulta caro alimentar a un boxer? ¡Pues no! Podrá alimentarlo económicamente y mantenerlo en perfectas condiciones todo el año, lo mismo que si opta por una dieta cara. El perro estará bien de ambas maneras. Veamos el porqué.

Ante todo, recuerde que el boxer es un perro. Un perro no es tan selectivo a la hora de comer, y se acostumbra a comer cualquier cosa, salvo que se le malcríe con variedad de cosas selectas, y se le convierta en un comensal exigente. Muchos perros ni siquiera se comen un hermoso bistec.

¿Qué se está cocinando? Hay mucha polémica sobre el añadir o no carne y vegetales a las comidas preparadas para perros. Muchos grandes criadores lo hacen, para añadir proteínas y vitaminas frescas a la dieta de sus perros. A pesar de ello, mantenga su perro alejado de la cocina, por los peligros que de ella se derivan.

Le dan la vuelta, y se comen cualquier otra cosa. ¿Por qué? Pues porque no están acostumbrados a ello. Se comerían un conejo rápidamente, pero dejan el bistec, porque no se han habituado a ello.

LA VARIEDAD NO ES NECESARIA

La regla fundamental es olvidarse de las preferencias humanas, y no preocuparse por la variedad. Elija una dieta apropiada para su boxer, y mantenga esta misma todos los días, verano e invierno. ¿Pero, cuál es la dieta correcta?

Se han gastado cientos de miles de pesetas en la investigación sobre nutrición canina. Los resultados son bien concluyentes, de modo que usted no necesita experimentar con una cosa u otra todas las semanas. La investigación ha comprobado lo que un perro necesita comer exactamente para mantenerse en óptimas condiciones.

ALIMENTACIÓN CANINA

Existen prácticamente tantas dietas correctas como expertos caninos, pero como regla general se puede recomendar una dieta a base de pienso, ya sea en forma de sopa o croquetas secas. Hay muchas, elaboradas por empresas de confianza, comprobadas y controladas, y con soporte publicitario a nivel nacional. No son caras, muy satisfactorias, y se venden en las tiendas en embalajes de 5 a 20 kilos. Los envases grandes salen más económicos por kilo.

Cuando pueda escoger entre muchas marcas, normalmente es más seguro optar por la más conocida; pero aun así, lea detenidamente el análisis en el envase. No escoja un pienso con un nivel en proteínas inferior al 25 %, y asegúrese de que tales proteínas sean de origen animal y vegetal. Los piensos buenos contienen harina de carne, harina de pescado, hígado y similares, y proteína procedente de alfalfa y soja, así como algún producto lácteo en polvo. Observe cuidadosamente el contenido en vitaminas. Vea que todas estén presentes en buenas proporciones; sobre todo vigile que la marca tenga niveles adecuados de vitamina A y D, dos de las más importantes y más perecederas. Observe el nivel del complejo de vitaminas B, pero no se pre-

Un hueso de goma con sabor a pollo lleva pequeñas partículas de harina de pollo incorporado para mantener el interés del perro.

El hueso de cuero es lo más popular para el perro. Sin embargo, puede ser peligroso, y puede causar obstrucción ya que se hincha si está mojado. Existe un tipo de piel de búfalo fundido y moldeado con caseína, que es la mejor opción para un boxer.

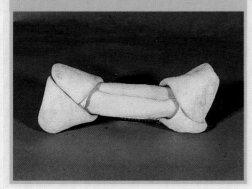

ocupe demasiado por los niveles de hidratos de carbono y minerales. Estas sustancias son baratas y suelen estar presentes en abundancia en una marca de calidad.

El consejo para escoger un buen pienso, también sirve para las comidas enlatadas y húmedas, si desea utilizar este tipo de comida. Cuando haya escogido una buena marca, alimente a su boxer tal y como indica el fabricante. Y una vez empezado, mantenga la misma alimentación. No cambie, si puede evitarlo. El cambio de un tipo de pienso a otro normal-

mente puede hacerse sin problemas, pero cualquier cambio en la alimentación casi siempre le dará algún problemilla a usted y a su boxer.

CUÁNDO SE REQUIEREN SUPLEMENTOS

¿Y qué pasa con todos esos suplementos, vitaminas, minerales, aceites? Todos son buenos para añadir a la alimentación de su boxer. Pero, si le está dando una dieta equilibrada, y esto es lo más fácil, no hay necesidad

Las tiendas de animales venden huesos de verdad que han sido coloreados, hervidos, disecados, o al natural. Algunos son bien grandes, pero un boxer puede destrozarlos fácilmente y constituyen un peligro.

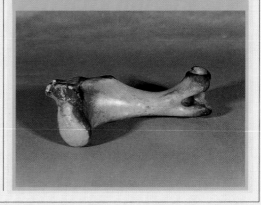

de dar suplementos, salvo si su boxer ha estado enfermo, ha comido mal, o está criando.

Las vitaminas y minerales se hallan presentes en todos los piensos de forma natural, y para evitar que pierdan calidad en la elaboración del pienso, se añaden de forma concentrada. Salvo bajo prescripción veterinaria, el exceso de vitaminas añadidas ¡puede resultar perjudicial para su boxer! El mismo riesgo existe con los minerales.

HORARIO DE COMIDAS

¿Cuándo y cuánto debe dar de comer a su boxer? Hágalo a su propia comodidad (salvo en el caso de cachorros). Se puede dar de comer dos veces al día, o la misma cantidad junta en una sola comida, ya sea por la mañana o por la noche. Para saber cómo preparar la comida y qué cantidad se debe dar, lo mejor es seguir las instrucciones del envase, pero su boxer puede querer un poco más o un poco menos.

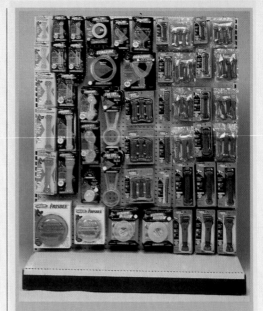

En la mayoría de tiendas de animales hay anaqueles enteros con juguetes seguros para morder.

En las tiendas de animales se venden juguetes sanos y saludables. Se añade queso y harina de pollo y otros nutrientes altos en proteínas, fundidos y moldeados hasta convertirlos en objetos resistentes para morder. No malgaste su dinero en golosinas bajas en proteínas. Si el contenido proteico es inferior al 50 %, no los compre.

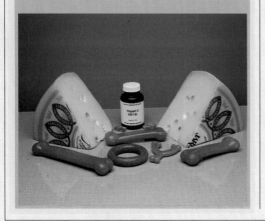

Su perro siempre debe disponer de agua fresca. Es de suma importancia para su buena salud a lo largo de toda su vida.

TODO BOXER NECESITA MORDER

Los cachorros y jóvenes necesitan algo resistente para morder durante la fase de desarrollo de su dentición y maxilares para que salgan los dientes de cachorro, para que crezcan mejor los dientes permanentes debajo de los dientes de leche, para ayudar a que caigan los dientes de leche a su debido tiempo, para fomentar que salgan los dientes definitivos a través de las encías, y para que esa dentición permanente esté sólidamente implantada en los maxilares.

El deseo de morder del boxer adulto proviene del instinto de mantener la dentadura limpia, dar masaje a las encías, y ejercitar los maxilares, además de descargar tensiones caninas de vez en cuando.

Es por ello que los perros, y sobre

todo cachorros y jóvenes, a menudo destruyen objetos valiosos de sus dueños, cuando su instinto roedor no dispone de otro objetivo a mano. De ahí que debe proporcionarle algo para roer –algo que tenga las cualidades funcionales necesarias, que sea atractivo y a la vez seguro para el perro.

Es importante evitar que muerda cosas que se puedan romper, o que no pueda digerir si consigue arrancar pedazos. Las astillas de un hueso que haya llegado a romper, pueden perforar la pared intestinal y ser mortales. Objetos que pueda romper y no digerir, tales como zapatos o juguetes de plástico y caucho, pueden causar obstrucción intestinal (si no son regurgitados) y causar la muerte con mucho dolor, si no se interviene quirúrgicamente cuanto antes.

Huesos naturales grandes, de 10 a 20 cm, ya sean de la carnicería, o de la gran variedad disponible en las tiendas de animales, son perfectos para mantener la dentadura de su boxer en condiciones, si son del tamaño adecuado para que los pueda manejar bien. Puede ser tentador darle un hueso pequeño a su cachorro, que no pueda romper cuando se lo da, pero los cachorros crecen rápidamente y la potencia de sus mandíbu-

Los huesos de goma facilitan que el perro muerda y deshaga los extremos, con lo cual limpia su dentadura. La superficie de estos huesos al morderlos, se convierte en franjas elásticas que actúan como un cepillo de dientes. Estos huesos son altamente eficaces para combatir la placa dental, como demuestran los estudios científicos.

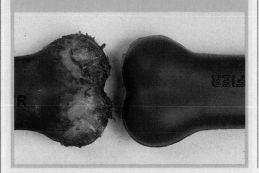

Una imitación de hueso recubierta de chocolate posee una capa de una micra de grosor bajo la superficie de nylon. Una vez mordido por un boxer, sale la superficie blanca. En la foto se ve un hueso antes y después de ser mordido.

las aumenta cada vez más hasta hacerse adultos. Esto significa que un boxer en crecimiento puede llegar a romper un hueso pequeño, tragarse las astillas, y morir con mucho dolor antes de que se dé cuenta de lo que pasa.

Los huesos naturales son muy abrasivos. Si su boxer resulta ser un ávido roedor, estos huesos pueden desgastar su dentadura prematuramente; por ello es mejor retirarlos cuando ya no los necesita. Muchos problemas dentales en perros adultos, dientes gastados y dolorosos, tienen su origen en un exceso de roer huesos naturales.

Contrariamente a la creencia popular, los huesos pequeños que el perro puede masticar y tragar sin peligro, apenas proporcionan algo de calcio o de valor nutritivo. Sin embargo, en la mayoría de los perros dificultan la digestión, haciéndoles devolver la comida que verdaderamente necesitan.

En el mercado hay productos de piel de búfalo, en todos los tamaños, formas y precios, que se han hecho muy populares. Sin embargo, no resultan tan funcionales; son bastante

Este juguete de cuerda de nylon equivale a nuestro hilo dental. Usted coge un extremo y deja que su boxer coja el otro. Este tipo de cuerdas están fabricadas de nylon autolubricante y se desliza entre los dientes del perro. Las cuerdas no son deslizantes, sino blandas y se abren al ser expuestas a la potente mordida del boxer.

Esta foto tomada durante un estudio científico muestra una dentadura en buen estado, conservada al morder un hueso de goma.

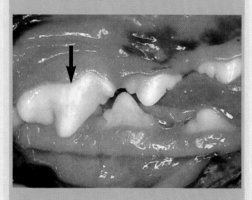

El hueso de goma ha sido retirado y en 30 días la dentadura ha quedado casi totalmente cubierta con placa dental.

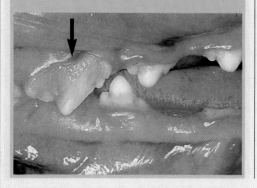

sucios cuando están mojados de tanto morder, y un boxer se los come rápidamente –pero se consideraban lo más seguro para el perro hasta hace poco–. Actualmente se informa de cada vez más casos mortales y de urgencia, por obstrucción causada por trozos de piel de búfalo que se hinchan en la garganta. Más recientemente, algunos veterinarios han atribuido casos de obstrucción intestinal a grandes piezas de piel de búfalo sin digerir.

Un nuevo producto, la piel de búfalo moldeada, es muy seguro. Para su fabricación, la piel de búfalo se funde y se inyecta en un molde con la forma habitual. Es muy duro y al boxer le encanta. El proceso de fundi-

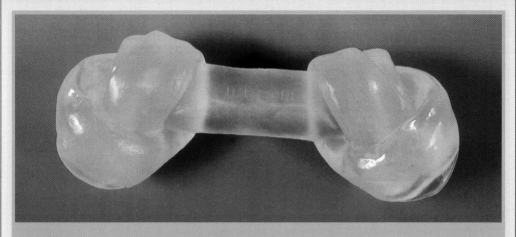

Algunos huesos artificiales están hechos de goma de poliuretano y son los favoritos de la mayoría de boxers. Son más suaves que los de nylon, pero resultan bastante más duraderos.

ción además esteriliza la piel de búfalo. No confunda este producto con la piel de búfalo prensada, que no es nada más que tiras pequeñas pegadas entre sí.

Los huesos de nylon, sobre todo los que llevan fracciones de carne y hueso natural incorporadas, probablemente son la respuesta más completa, segura y económica para el instinto roedor del perro. No los puede romper, ni arrancarle pedazos grandes; por ello son completamente seguros y como duran mucho más

que otras opciones ofrecidas, resultan económicos.

Al morder con fuerza, se levantan pequeñas partículas como cepillos en la superficie de los huesos de nylon –para una limpieza eficaz de los dientes y un vigoroso masaje de las encías, muy similar a nuestro cepillo dental–. Las pequeñas partículas se desprenden y se tragan, pero la composición química del nylon es tal que se deshacen fácilmente en el jugo gástrico y pasan sin causar problemas.

La dureza del nylon proporciona la

El relieve en los huesos de nylon funciona de maravilla para combatir la placa dental en el boxer. ¡Compre sólo los huesos más grandes para su boxer!

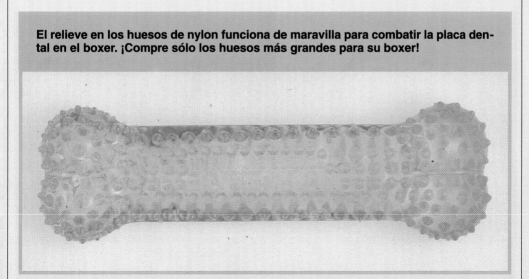

resistencia necesaria para el buen ejercicio de los maxilares y mantenimiento de la dentadura, pero no hay desgaste dental ya que el nylon no es abrasivo. Al ser inerte, el nylon no permite el crecimiento de microorganismos; y se puede lavar con agua y jabón, e incluso esterilizar hirviendo o en autoclave.

Existen en el mercado huesos de nylon altamente recomendados por los veterinarios como un tipo seguro y saludable, que no puede romperse ni dejar astillas. Al morderlo el perro, se crea una superficie sobre el mismo similar a un cepillo de dientes, que limpia la dentadura y da masaje a las encías. Además de ayudar a descargar las tensiones del boxer son los únicos productos para morder de nylon sólido con sabor incorporado, y se venden en las tiendas de animales. La calidad es superior a otros huesos más económicos, ya que están hechos de nylon virgen, que es el tipo de nylon más fuerte y duradero. Los huesos más baratos están hechos de nylon reciclado o trozos vueltos a fundir, y tienen tendencia a partirse con facilidad.

De todos modos, nada puede sustituir la atención profesional periódica para la dentadura y las encías de su boxer, al igual que nuestro cepillo de dientes tampoco puede hacerlo para nosotros. Su veterinario deberá efectuar una limpieza de los dientes de su boxer al menos una vez al año (mejor dos), y su perro estará más alegre y más sano, con lo cual la convivencia será un placer.

ADIESTRAMIENTO DEL BOXER

Es un deber educar a su boxer. Al adquirirlo, usted se obliga a ello; tanto si su boxer debe convertirse en un perro de compañía educado, un ejemplar de exposición, o sea cual sea su destino, la educación básica siempre es la misma, empezando con la obediencia básica, digamos los «buenos modales».

Su boxer debe acudir inmediatamente cuando se le llama, y obedecer a los comandos de «siéntate» y «échate»; debe andar correctamente a su lado, ya sea con o sin correa. Debe ser educado y controlado vaya donde vaya; debe ser gentil con desconocidos en la calle y lugares públicos. Debe ser educado en presencia de otros perros. No debe ladrar a niños con patines, ni a motocicletas, ni a otros animales domésticos. Y no debe perseguir a los gatos. No es ningún derecho adquirido que un perro persiga a los gatos, y se le debe castigar por ello.

ADIESTRAMIENTO PROFESIONAL

¿Qué le parece esta idea? Es un procedimiento sencillo, hoy en día muy estandarizado. Si puede permitirse este gasto extraordinario, puede enviar su boxer a un adiestrador profesional, quien en 30 a 60 días le enseñará a ser un perro educado. Si se decide por un adiestramiento profesional, siga el consejo del adiestrador para ir a visitar a su perro. No le olvidará, pero las visitas demasiado frecuentes del dueño pueden disminuir su progreso en la escuela. Además, al optar por un adiestrador profesional, usted también deberá acudir para ser adiestrado de alguna manera, cuando el profesional decida que su perro puede volver a casa. Usted deberá aprender como funciona el perro, qué se espera de él y cómo emplear los comandos que el perro ha aprendido, una vez esté en casa.

OBEDIENCIA

Otro sistema para adiestrar a su boxer (y para muchos expertos en boxer es el mejor) consiste en acudir a un grupo de trabajo de obediencia cerca de su hogar. Hoy en día existen clubs de trabajo en todas las poblaciones. Aquí podrá participar con un grupo de gente que también está empezando. De hecho adiestrará su pro-

Cuando su boxer ha aprendido a caminar con la correa convencional, puede considerar el uso de una extensible. Estas correas tienen la ventaja de proporcionar más libertad para que su boxer haga ejercicio, y sirven para que personas menos activas hagan correr a sus perros.

Utilice sólo frisbees con un hueso moldeado sobre la superficie. Estos frisbees están diseñados especialmente para perros, y les son más fáciles de coger y llevar.

pio perro, ya que todo se hace bajo la dirección de un monitor, que le dará consejos y le enseñará cómo y cuándo corregir errores. Además, al trabajar en grupo, su perro aprenderá a comportarse con otros perros. Y lo que es más importante, aprenderá a hacer exactamente lo que se le pide, sin dejarse distraer por los demás por muy grande que sea la tentación de ir a su aire.

Diríjase a la Sociedad Canina local para saber dónde hay un club de trabajo cerca de su localidad. Apúntese. Y vaya con regularidad, ¡a cada sesión! ¡Vaya pronto y salga tarde! Será de gran utilidad tanto para usted como para su boxer.

ADIESTRAR CON LIBROS

El tercer sistema de adiestramiento es mediante libros. Sí, puede ha-

Un boxer de exposición enseñando lo fácil que es. Simplemente diga «quieto», y encima sonríe para la cámara.

La mayoría de criadores recomienda el entrenamiento con jaula como el método más rápido y eficaz para que su cachorro sea limpio en casa. Al perro, por naturaleza, le encanta la idea de tener «su propio rincón», y jamás ensuciará el sitio donde duerme. El hecho de ser limpio en casa es el primer requisito antes de iniciar la obediencia.

Aprender el «traer» con un amigo es mucho más divertido. El sentido de competitividad y la excitación de otro perro puede facilitar el proceso de adiestramiento.

cerse de esta manera, y bien. Pero al usar este sistema, compre un libro, léalo, estúdielo a fondo; entonces estúdielo un poco más, hasta que lo sepa todo de memoria. Ahora empiece el adiestramiento. Pero siga las instrucciones y los ejercicios del libro. No empiece sin más, y se invente lo que venga después. Si no sigue el libro al pie de la letra, se encontrará con problemas que difícilmente podrá corregir por sí solo. Si tras varias horas de breves sesiones de adiestramiento su boxer todavía no trabaja como debe, vuelva a estudiar el libro, ya que es fallo de usted, no del perro.

Los sistemas de adiestramiento de perros se han perfeccionado tanto, que por fuerza el fallo es de usted, ya que literalmente miles de boxers se han adiestrado correctamente con el sistema del libro.

Cuando su boxer esté preparado y responda en todas las circunstancias, si lo desea puede apuntarse a un cursill o de adiestramiento avanza-do.

Al boxer le encantará trabajar en obediencia, ¡y usted estará orgulloso de él! Su perro será más feliz, y usted lo disfrutará mucho más. Y recuerde que *le debe una buena educación.*

Manejar el perro en el ring de exposición requiere práctica y control. Este boxer es presentado en la Exposición Mundial Canina, un evento anual que suele tener lugar en el Continente.

EXPOSICIONES

Un bonito boxer atigrado participando en la Exposición Mundial Canina. El boxer tiene seguidores en el mundo entero, aunque EE.UU. ha sido la cuna de los mejores boxers de los últimos tiempos.

Un ejemplar de exposición es algo bastante raro. Es uno, de entre varias camadas. Ha nacido con tal grado de perfección morfológica, que se aproxima mucho al estándar según el cual la raza es juzgada en el ring de exposiciones. Un ejemplar así, cuando sea adulto, puede llegar a ser campeón, o acercarse, teniendo en cuenta la fuerte competencia en las exposiciones importantes.

Al terminar su campeonato, puede convertirse en un reproductor muy solicitado. Apto como reproductor, automáticamente el precio de la monta será elevado.

Exponer boxers es muy divertido, sí, pero es un deporte muy competitivo. Aunque todos los expertos en sus tiempos fueron novatos, el principiante lo tiene todo en contra. Usted se va a enfrentar con presentadores experimentados, a menudo gente que han dedicado toda una vida a la cría, seleccionando los mejores ejemplares, y presentándolos hasta conseguir sus campeonatos.

Además, hasta el boxer más perfecto siempre tiene defectos, y en manos de un principiante estos defectos siempre serán mucho más evidentes que con un presentador veterano, que sabe cómo disimular los fallos de su ejemplar. Esto son sólo unos pocos aspectos que dificultan el panorama.

El adiestrador experto no ha nacido así. Ha aprendido, y ¡usted puede hacer lo mismo! Si quiere, puede invertir el mismo tiempo, estudios y observación como hizo él. ¡Pero tardará tiempo!

LA BASE DEL ÉXITO

Primero, busque un ejemplar prometedor para exponer. Llévese el cachorro a casa, críelo según el libro, y procure que tenga todas las posibilidades para convertirse en el adulto soñado. Mi consejo es de no presentarlo en exposiciones importantes, ni siquiera en clase cachorros, hasta que sea adulto. El macho puede considerarse adulto sobre los dos años, las hembras con unos 14 meses. Cuando su boxer sea prácticamente adulto, empiece a presentarlo en exposiciones pequeñas, y cuando usted y su perro tengan más experiencia, intente en exposiciones mayores.

Ahora, lea el estándar del boxer. Estúdielo hasta conocerlo de memoria. Al haber hecho esto, dejando el cachorro en casa (donde debe estar) mientras esté en crecimiento, vaya a toda exposición canina que pueda visitar. Siéntese al lado del ring y observe los juicios de los boxers. Mantenga

los ojos y los oídos bien abiertos. Juzgue usted mismo, comparando cada ejemplar con el estándar, que ya debe saber de memoria.

En sus evaluaciones, no empiece a buscar defectos. Busque las virtudes, las mejores cualidades. ¿Cómo se ve este ejemplar, comparado con el estándar? Después de haber destacado las virtudes, busque los defectos y vea por qué un ejemplar determinado falla en movimiento o posado. Compare estos defectos con las virtudes, ya que cada detalle del perro debe contribuir al conjunto armonioso del ejemplar.

JUZGAR DESDE FUERA DE LA PISTA

Es una buena práctica el tomar notas de cada ejemplar, siempre comparando el boxer con el estándar. Al juzgar desde fuera del ring, olvídese de su preferencia personal ante tal o cual característica. ¿Qué dice el estándar al respecto? Observe bien cuando el juez clasifica los perros de una clase determinada. Desde fuera a veces resulta difícil apreciar por qué el primero se ha clasificado por delante del segundo. Intente comprender el razonamiento del juez. Más tarde, intente hablar con el juez cuando haya terminado de juzgar. Pregúntele por qué ha clasificado a ciertos ejemplares y a otros no. Escuche cuando el juez explica sus calificaciones, y digo bien, cualquier juez merecedor de su licencia, debe poder explicar su razonamiento.

Fuera del ring, hable con los aficionados y criadores de la raza. No tenga miedo de pedir opiniones, ni de reconocer que no entiende. Le queda mucho por escuchar, y le será de gran ayuda para progresar si sabe escuchar con atención.

EL CLUB DE LA RAZA

Le será de gran utilidad hacerse socio del club de la raza, y recibir su revista. Por el club de la raza, sabrá de clubs o delegaciones locales, cerca de su domicilio. Cuando su boxer

Si le interesan las exposiciones, lleve su boxer a una exposición al aire libre, y observe junto a él. Créalo o no, él puede aprender mucho simplemente observando cómo actúan los demás perros. Esto puede ahorrarle mucho tiempo de entrenamiento y preparación para presentarlo.

tenga de ocho a diez meses, averigüe las fechas de exposiciones monográficas locales. Éstas difieren de las exposiciones de todas las razas en que no se dan puntos para el campeonato. Estas exposiciones (concursos) están ideados para debutar a perros jóvenes, y presentadores noveles.

CONCURSOS

Con todo lo que ha visto y aprendido visitando exposiciones oficiales, apunte su boxer a todos los pequeños concursos que pueda. Una vez en el ring, tiene dos objetivos. Uno es procurar que su boxer se vea en todo momento lo más favorecedor posible. El otro es estar pendiente del juez, para estar prevenido ante lo que pueda pedir. Sólo mire a su perro y al juez. Esté atento, y reaccione con rapidez; haga exactamente lo que el juez indica. No hable con él, excepto cuando le haga una pregunta. Si hace algo que no le gusta, no lo diga. No irrite al juez (ni a los demás expositores) hablando y moviendo constantemente a su perro.

Al moverse por el ring, manténgase a distancia de los demás perros. Es mi consejo NO presentarse en exposiciones punteras hasta que el pe-

La obediencia se acerca a la perfección. Este Adonis fue criado y adiestrado por Rick Tomita

rro esté maduro y tanto usted como su perro tengan suficiente experiencia en exhibiciones.

LA SALUD DEL BOXER

Su boxer debe rebosar salud en todos los aspectos: capa brillante y lustrosa de tonalidad rica, contrastando con un blanco reluciente, ojos limpios, encías rosadas, trufa húmeda, siempre alerta y activo. Conocemos nuestros perros a fondo, y por ello sabemos reconocer cuando tienen un día malo. Los síntomas de enfermedad pueden ser obvios, o muy sutiles. Como cualquier buena madre podrá corroborar, para diagnosticar y tratar una enfermedad hace falta tener sentido común, y saber cuándo se puede remediar en casa, y cuándo se debe acudir al médico, o al veterinario, en este caso.

Mantener los oídos limpios es fácil si se usa una loción de buena calidad. Las tiendas de animales ofrecen gran variedad de los mejores productos para el cuidado de los oídos.

El veterinario, sabemos, es el mejor amigo de nuestro perro, después de nosotros mismos. Hay que ser selectivo a la hora de escoger veterinario. Hable con otros propietarios de confianza. Visite a varios veterinarios, antes de seleccionar uno para toda la vida. Fíese de su instinto. Busque un veterinario experimentado y con vocación, que conozca y aprecie el boxer.

Una de las mayores preocupaciones entre criadores de boxers actuales es el cáncer, ya que la raza ha mostrado gran incidencia de tumores, tanto benignos como malignos. El cáncer por supuesto es un azote para la raza, y como su incidencia es imprevisible, los criadores prestan mucha atención a su presencia en sus líneas de sangre, haciendo todos los esfuerzos para evitar criar con ejemplares afectados.

El corazón del boxer presenta problemas en muchas líneas de sangre. Entre los problemas que afectan al boxer están la cardiomiopatía, el soplo, tumores del corazón, y la estenosis subaórtica. El tipo de cardiomiopatía que afecta al boxer es el de dilatación (DCM). Es común en razas grandes, y en el boxer puede estar asociado con una deficiencia de aminoácidos. Con esta enfermedad los músculos del corazón se vuelven delgados y el corazón es incapaz de bombear correctamente, llevando a un fallo cardiaco. Los síntomas de esta enfermedad incluyen un ritmo cardiaco aumentado, poca resistencia ante el ejercicio, dificultad respiratoria, tos y depresión general.

La torsión de estómago (síndrome de dilatación-torsión gástrica, GDV) es un factor de riesgo en razas grandes de tórax profundo, como el boxer. Esta condición con peligro mortal es

Aunque al perro le gusta revolcarse en la tierra y no le importa jugar en la suciedad, siempre hay que vigilar ante la posible contaminación con parásitos.

causada por aerofagia, aire tragado que hincha el estómago. El tragar aire es debido al estrés, ejercicio excesivo o la ingestión masiva de gran cantidad de agua o comida. La hinchazón impide el flujo del jugo gástrico, lo que produce la torsión del estómago. El estómago está distendido por acumulación de gases, y forzosamente gira sobre su eje, bloqueando toda entrada y salida. Si no se detecta a tiempo y se interviene quirúrgicamente, el animal sufrirá shock, paro cardiaco, y generalmente muere.

La prevención requiere el entendimiento que suministrar una copiosa comida diaria es muy peligroso; es mejor dar dos o tres comidas pequeñas durante el día. Tampoco permita que el perro beba grandes cantidades de agua de golpe, y nunca se exceda en la cantidad de ejercicio con un perro grande.

El hipotiroidismo, una afección endocrina común en perros, es difícil de diagnosticar, pero tiene cierta incidencia en el boxer. El tiroides puede estar afectado por otros tipos de enferme-

dades, tales como diabetes, enfermedades hepáticas, renales, insuficiencia cardiaca, etc. Problemas de piel, pérdida de pelo, falta de apetito, desequilibrio hormonal, pueden afectar al tiroides, dificultando el diagnóstico de hipotiroidismo para el veterinario. Sin embargo, la ciencia veterinaria actual dispone de remedios hormonales y otros tratamientos que pueden ayudar a perros afectados.

El ojo del boxer es relativamente sensible y requiere cuidados delicados. Aunque la raza no sufre problemas oculares, hay que controlar una afección conocida como queratitis ulcerosa, que se caracteriza por una erosión de la córnea, y se ha detectado en boxers.

El propietario debe prestar atención a las glándulas anales, que se hallan a ambos lados del ano. Ambas desembocan en el recto a través de un pequeño conducto. Ocasionalmente la secreción se vuelve espesa, y se acumula de modo que se pueden palpar estas obstrucciones exteriormente. Si su boxer arrastra el trasero sobre el suelo, o se lame con intensidad, puede ser necesario vaciar estas glándulas anales. Apretar en dirección al recto, manteniendo la cola levantada, es el remedio habitual. Las secreciones huelen mal, y si no tiene cuidado puede ensuciarse. El veterinario puede ocuparse de ello en las visitas rutinarias, y enseñarle el método más limpio.

Muchos boxers tienen predisposición para ciertas anomalías congénitas, tales como la displasia de cadera, desgraciadamente un problema común en muchas razas. La displasia requiere atención especial por parte de los aficionados al boxer. Debido a la gran popularidad de la raza, cada vez más gente se dedica a criar boxers, y con demasiada frecuencia se usan ejemplares no aptos para la cría. Esta malformación congénita de la cadera puede llegar a producir la dislocación total, o simplemente el mal ajuste de la cabeza del fémur en su cavidad. El problema está presente cuando nace el cachorro, pero puede tardar en manifestarse de 5 a 6 meses hasta varios años. A todos los perros deben hacerse radiografías para comprobar la presencia de displasia. Los ejemplares de alto riesgo no deben usarse para la cría. El boxer debe ser un perro activo de tamaño medio-grande; un boxer que no pueda correr, apenas es un boxer. El resultado final de la displasia es la cojera. Aunque la displasia de cadera es una afección básicamente congénita, tampoco hay que descuidar los factores ambientales durante el crecimiento del cachorro.

Para la buena salud del perro, el propietario debe observar el programa de vacunaciones. Su veterinario le recomendará las que son aconsejables para su perro, de acuerdo con los factores climáticos y geográficos. Las vacunas básicas que protegen a su perro son las que se refieren a la parvovirosis, moquillo, hepatitis, leptospirosis, adenovirus, coronavirus, tos de las perreras (traqueobronquitis), enfermedad de Lyme (borreliosis) y la rabia.

La parvovirosis es una enfermedad altamente contagiosa, típica del perro, que no fue descubierta hasta 1978. Ataca el intestino delgado, afectando el estómago, causando vómitos y diarreas (a menudo sanguinolentas)

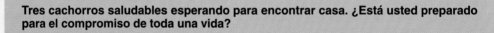

Tres cachorros saludables esperando para encontrar casa. ¿Está usted preparado para el compromiso de toda una vida?

como síntomas clínicos. Aunque el perro puede contagiar la enfermedad a los tres días de estar infectado, los primeros síntomas, que incluyen letargo y depresión, no aparecen hasta el cuarto o séptimo día. Cuando se trata de cachorros menores de un mes, a menudo les afecta el músculo del corazón. En tal caso hay dificultad respiratoria, lagrimeo y espuma por la nariz y boca.

El moquillo, una enfermedad relacionada con el sarampión humano, es un virus transmitido por el aire que se extiende por la sangre y después por el sistema nervioso y el tejido epitelial. Perros jóvenes o bajos en defensas pueden llegar a desarrollar encefalitis por causa de esta enfermedad. Estos animales sufren convulsiones, debilidad general y rigidez, así como las almohadillas endurecidas. Ya que el moquillo es prácticamente incurable, la vacunación preventiva es de vital importancia. Los cachorros deben vacunarse entre las seis y ocho semanas de edad, con revacunación a las 10 o 12 semanas. Los cachorros mayores (de 16 semanas o más) sin vacunar, deben recibir como mínimo dos vacunaciones con un intervalo de 3 a 4 semanas.

La hepatitis afecta mayormente el hígado y es causada por el adenovirus canino de tipo I. Altamente contagiosa, la hepatitis suele afectar a perros entre 9 y 12 meses de edad. Inicialmente el virus se localiza en las tonsilas, y posteriormente se dispersa hacia el hígado, el riñón y los ojos. Generalmente, el sistema de inmunidad del perro logra combatir este virus. La hepatitis infecciosa canina ataca a perros que no pueden combatir el adenovirus. El perro afectado tiene fiebre, dolor abdominal, erupciones en las membranas mucosas y encías, convulsiones y puede entrar en coma. La hepatitis sólo se previene mediante vacunación entre 8 y 10 semanas de edad, con repetición a las 3 o 4 semanas, y después cada año.

La leptospirosis es una enfermedad de tipo bacteriano, a menudo contagiada por roedores. Los organismos que extienden las leptospiras entran a través de las membranas mucosas y se extienden a los órganos a través del sistema circulatorio. Puede contagiarse a través de la orina del perro. La leptospirosis no afecta tanto a perros jóvenes como otros virus; es muy endémico (regional) y depende de cierta manera del estado inmunológico del perro. En casos leves los síntomas son fiebre, inapetencia, vómitos, deshidratación, hemorragias, afección renal y ocular.

La tos de las perreras es una afección traqueobronquial altamente contagiosa, produciendo tos seca y persistente. Incluye un virus, que suele ser la parainfluenza, y una bacteria, *Bordetella bronchiseptica.* Un 20 % de los casos resulta en bronquitis y neumonía, y la mayoría de los perros se recupera entre una y cuatro semanas. La medicación puede aliviar la tos molesta, pero no acortar el curso de la enfermedad. La vacunación no garantiza la inmunidad contra la tos de las perreras, pero evita la mayoría de los virus que la producen.

La enfermedad de Lyme (borreliosis), aunque se conoce desde hace décadas, se descubrió por primera vez en perros en 1984. Puede afectar gatos, ganado vacuno y caballos, pero especialmente personas. En EE.UU. esta enfermedad es transmitida por dos tipos de garrapata que transmiten los organismos de *Borrelia burgdorferi:* la garrapata del ciervo (*Ixodes scapularis)* y la garrapata de pata negra del oeste (*Ixodes pacificus),* que afecta más que nada a reptiles. En Europa la *Ixodes ricinus* es la responsable de transmitir esta enfermedad. La enfermedad produce cojera, fiebre, inflamación de las articulaciones, inapetencia y letargo. Eliminar las garrapatas del perro puede ayudar a reducir el riesgo de contagio, pero sobre todo hay que evitar las zonas de bosque frondoso donde es muy probable que el perro contraiga garrapatas. Existe una vacuna, pero no está comprobado que proteja al perro de todos los organismos que producen la enfermedad.

La rabia es contagiada a perros y personas por animales salvajes: principalmente la mofeta, el zorro, el mapache; el murciélago no es tanto el culpable como se pensaba antaño. Lo mismo que la imagen del perro rabioso con el pelo erizado y espuma en la boca, es probablemente la menos realista. Un perro afectado de rabia tiene dificultad para tragar, saliva mucho y muestra parálisis y torpeza. Antes de alcanzar esta fase final, puede mostrar ansiedad, cambios de personalidad, irritabilidad y más agresividad de la normal. La vacunación es altamente recomendada ya que es un peligro manejar perros afectados, y normalmente son sacrificados. Los cachorros generalmente se vacunan a las 12 semanas, y después cada año. Aunque la rabia está en descen-

so a nivel mundial, aún mueren muchas personas de incidentes relacionados con la rabia.

Nuestros animales de compañía han tenido parásitos desde hace siglos. Pese a nuestros esfuerzos modernos, las pulgas siguen amargando la existencia de nuestros animales y la nuestra. Todos los perros se rascan, y la pulgas pueden convertir el perro más sano y alegre en un ser miserable. Las molestias incluyen pérdida de pelo, y morderse a sí mismos; rascarse toda la familia durante el verano, y encima pueden infestar de tenia al perro. En las tiendas de animales hay una variada gama de productos para eliminar las pulgas y controlar las plagas, y su veterinario seguramente le podrá aconsejar. Pulverizadores, polvos, collares, y líquidos combaten las pulgas desde fuera; gotas y pastillas hacen lo mismo por dentro. Comente las posibilidades con su veterinario. No todos los pro-

La autora posa con su familia de boxers y una amiga aficionada, la Sra. Axelrod.

ductos pueden usarse en combinación con otros, y algunos perros son más sensibles que otros ante ciertos productos. Hay que desinfectar la estancia del perro igual que al mismo perro. Las infestaciones graves pueden necesitar múltiples tratamientos.

Controle a su perro ante la presencia de garrapatas también. Aunque las pulgas se pueden encontrar en cualquier sitio, las garrapatas se cogen más fácilmente en zonas boscosas, de vegetación espesa, o simplemente en el campo (como exposiciones caninas o competiciones de trabajo y pruebas de campo). Los perros atléticos, activos, y cazadores, son los más propensos, aunque cualquier perro que pasa sirve de huésped. Recuerde que la borreliosis es transmitida por garrapatas.

En cuanto a parásitos internos, éstos pueden ser muy peligrosos para el perro y para el hombre. Ascárides, anquilostomas, tricocéfalos, tenias, filaria, son parte del conjunto de causantes de problemas. La desparasitación de los cachorros empieza a

Éste es «Pete», bautizado así por su parecido con la famosa mascota de Little Rascals. Los boxers blancos se están haciendo cada vez más populares, pero el criador responsable debe informar al cliente sobre los problemas de salud relacionados con el gen blanco, que incluye sordera, ceguera y otros. Todo boxer blanco debe ser esterilizado como condición para su venta. Este propietario encantado es Jim O'Hara.

Dedique tiempo de calidad a sus perros. ¡Usted es su prioridad número uno!

las dos o tres semanas de edad, y sigue hasta los tres meses. Una buena higiene del ambiente también es importante para combatir los huevos de ascárides y anquilostomas. Los veterinarios recomiendan medidas preventivas contra la filaria, aunque hay voces en contra de administrar tóxicos de forma continua al organismo del perro. Estos preparados diarios o mensuales también ayudan a controlar la mayoría de los demás parásitos. Comente con su veterinario la pauta de desparasitación.

Los ascárides son una amenaza para perros y personas. Se encuentran en el intestino del perro, y pueden transmitirse al hombre por la ingestión de suciedad que haya estado en contacto con excrementos. La infestación puede evitarse no paseando perros en zonas urbanas de gran densidad, incinerando las heces, y llevando el perro con bozal de manera responsable (en la mayoría de ciudades es obligatorio). Los ascárides son transmitidos por la perra a sus cachorros, y hay que desparasitar a la madre y a los cachorros, aunque la madre haya dado negativo antes del parto. Generalmente los cachorros se desparasitan cada dos semanas, hasta los dos meses.

Los anquilostomas (*Ancylostoma caninum*) también constituyen un serio peligro para perros y personas. Este parásito causa la *larva migrans* cutánea en las personas. Los huevos son transmitidos con las heces y depositados en zonas arenosas, a la sombra. Las larvas penetran la piel del perro, infectándolo. Si se tragan, estos parásitos afectan los intestinos, los pulmones, la tráquea, y todo el sistema digestivo. Los perros afectados sufren anemia y hemorragias internas en los lugares debilitados por los parásitos, como los intestinos, etc.

Aunque rara vez transmitida al hombre, los tricocéfalos se citan como uno de los parásitos más comunes en EE.UU. Estos parásitos alargados afectan el intestino del perro, donde se alojan, causando cólicos y diarrea. Son difíciles de diagnosticar, salvo en análisis de heces. Los adultos se eliminan más fácilmente que las larvas, ya que estos parásitos tienen un ciclo vital poco usual. Una buena higiene del suelo exterior es vital para evitar contagios.

La tenia es transmitida por la pulga, cuando el perro traga una pulga. El hombre puede adquirir la tenia de

En los meses de verano, una toalla mojada puede ayudar a refrescar su boxer. La insolación es una causa de muerte frecuente en perros, que se puede evitar.